BEI GRIN MACHT SICH IHR WISSEN BEZAHLT

- Wir veröffentlichen Ihre Hausarbeit,
  Bachelor- und Masterarbeit

- Ihr eigenes eBook und Buch -
  weltweit in allen wichtigen Shops

- Verdienen Sie an jedem Verkauf

Jetzt bei www.GRIN.com hochladen und kostenlos publizieren

Bibliografische Information der Deutschen Nationalbibliothek:

Die Deutsche Bibliothek verzeichnet diese Publikation in der Deutschen National-
bibliografie; detaillierte bibliografische Daten sind im Internet über http://dnb.d-
nb.de/ abrufbar.

Dieses Werk sowie alle darin enthaltenen einzelnen Beiträge und Abbildungen
sind urheberrechtlich geschützt. Jede Verwertung, die nicht ausdrücklich vom
Urheberrechtsschutz zugelassen ist, bedarf der vorherigen Zustimmung des Verla-
ges. Das gilt insbesondere für Vervielfältigungen, Bearbeitungen, Übersetzungen,
Mikroverfilmungen, Auswertungen durch Datenbanken und für die Einspeicherung
und Verarbeitung in elektronische Systeme. Alle Rechte, auch die des auszugsweisen
Nachdrucks, der fotomechanischen Wiedergabe (einschließlich Mikrokopie) sowie
der Auswertung durch Datenbanken oder ähnliche Einrichtungen, vorbehalten.

Impressum:

Copyright © 2009 GRIN Verlag, Open Publishing GmbH
Druck und Bindung: Books on Demand GmbH, Norderstedt Germany
ISBN: 9783640540662

Dieses Buch bei GRIN:

http://www.grin.com/de/e-book/142940/kriminalisierung-psychischer-krankheiten-
im-film-james-mangolds-identitaet

Hildegard Schnell

Kriminalisierung psychischer Krankheiten im Film: James Mangolds Identität (2003)

GRIN Verlag

GRIN - Your knowledge has value

Der GRIN Verlag publiziert seit 1998 wissenschaftliche Arbeiten von Studenten, Hochschullehrern und anderen Akademikern als eBook und gedrucktes Buch. Die Verlagswebsite www.grin.com ist die ideale Plattform zur Veröffentlichung von Hausarbeiten, Abschlussarbeiten, wissenschaftlichen Aufsätzen, Dissertationen und Fachbüchern.

Besuchen Sie uns im Internet:

http://www.grin.com/

http://www.facebook.com/grincom

http://www.twitter.com/grin_com

Universität Duisburg-Essen
Campus Essen
WS 2009/10
Blockseminar: *Identität*

Kriminalisierung psychischer Krankheiten im Film:

James Mangolds
Identität (2003)

Hildegard Schnell

Gliederung

1. Einleitung

„Ich ging die Treppe rauf und sah dort einen Mann, der war nicht da."[1] Dieses
Zitat aus dem Film **Identität** spiegelt ein zentrales Symptom dissoziativer
Identitätsstörung wider, das sich in Form von visuellen, akustischen oder
haptischen Halluzinationen äußern kann. Das Interesse der post-modernen
Gesellschaft an psychischen Krankheiten im Kino kann bis Mitte der 70er Jahre
zurückverfolgt werden, in der die Verfilmung von Ken Keseys **Einer flog über
das Kuckucksnest**[2] einen Anti-Psychiatrie Diskurs initiierte. Miloš Formans
Verfilmung stellte psychiatrische Fehldiagnosen und deren fatale Folgen für die
vermeintlich an psychischen Krankheiten leidenden Patienten visuell dar, so dass
es dem Zuschauer möglich war die an Folter grenzenden Behandlungsmethoden
intensiv nachzuvollziehen und als inhuman zu verurteilen. Diese Kritik an der
psychiatrischen Praxis wurde Ende der 90er Jahre mit James Mangolds
Verfilmung von Susanna Kaysens autobiographischem Roman **Durchgeknallt**
wieder aufgegriffen.[3] Die eigentlichen Anfänge im Umgang mit psychisch
Kranken reichen jedoch weit in das 18. Jahrhundert zurück und spiegeln sich in
der zeitgenössischen Literatur wider, die psychische Krankheiten, so wie wir sie
heute bezeichnen, anhand von Wahnsinns- und Doppelgängerphänomenen
thematisiert. Der Schauerliteratur des 18. Jahrhunderts und der Verfilmung
psychischer Krankheiten ist eines über die Jahrhunderte gemein geblieben: Beide
thematisieren und kriminalisieren die psycho-pathologische Variante der Identität
und stellen die Frage, ob der Protagonist, weil psychisch krank, unschuldig oder
doch schuldig sei. Seit Anfang des 21. Jahrhunderts wird versucht dieser Frage
auch in Serien, wie CSI oder Medium, etc. mal mit wissenschaftlichen, mal mit
übersinnlichen Mitteln, nachzugehen. Einer der faszinierendsten Formen
psychischer Störungen ist, meines Erachtens, die dissoziative Identitätsstörung,
welche ein Verdrängungsmechanismus ist, der massive Traumata während der
Kindheit mittels Teilidentitäten verdrängt bzw. verarbeitet.[4] Um in der Realität zu
bestehen, kommt es folglich zur Spaltung der Kernidentität in multiple
Persönlichkeiten, die unabhängig voneinander je nach Situation entsprechende

---

[1] Filmzitat
[2] Originaltitel: **One flew over the cuckoo's nest** (1975).
[3] Originaltitel: **Girl, Interrupted** (1999).
[4] Huber, Michaela: **Multiple Persönlichkeiten – Überlebende extremer Gewalt**. Frankfurt am
Main 1999. S. S. 27.

3

Aufgaben übernehmen, die die Kernidentität verdrängt hat und diese Aufgaben somit nicht ausüben könnte. Der psychisch Kranke ist sich seiner dissoziativen multiplen Persönlichkeiten nicht bewusst, so dass deren Handlungen für den Kranken als Fremdhandlungen empfunden werden. Es können sich jedoch auch assoziative Teilidentitäten bilden, die in irgendeiner Weise miteinander verbunden sind, so würden z.b. ein Ehepaar mit einem Kind assoziative Teilidentitäten darstellen.[5] Darüberhinaus hat die post-moderne Einsicht, dass das Ich aus vielen Ichs besteht[6] auch ihre kriminelle Seite. Bevor ich jedoch auf James Mangolds **Identität** als filmische Realisation dieser kriminellen Seite eingehe, möchte ich zunächst das Genre des Psychothrillers näher erläutern und klären, warum sich gerade dieses Genre für eine Kriminalisierung der psycho-pathologischen Variante der Identität anbietet.

2.   Zum Genre des Psychothrillers

Das Genre des Psychothrillers leitet sich vom Thriller-Genre ab, der sowohl ein Roman- als auch ein Filmgenre ist und wie das englische Wort „to thrill" schon impliziert, dazu dient, dem Zuschauer Schrecken einzujagen bzw. Angst zu machen. Diese besondere Art des Nervenkitzels überschneidet sich auch teilweise mit Thriller-Subgenres, wie dem Mystery-, Krimi- oder Horror-Genre, ist jedoch von diesen dadurch zu unterscheiden, dass sich in Thrillern der Protagonist mit moralischen, psychischen oder physischen Konflikten auseinandersetzen muss, die mittels einer intensivierten Spannungskurve, die ein abruptes Ende findet, den Zuschauer „thrillt".[7] Demnach ist Spannung charakteristisch für das Thriller-Genre, wodurch nicht nur ein Teil, sondern nahezu der gesamte Verlauf der Handlung für den Zuschauer spannend bleibt. Zusätzlich zum Thriller, der auf einer komplexen und zum Teil rätselhaften Handlung zwischen Protagonist und Antagonist basiert, akzentuiert der Psychothriller, wie der Begriff schon andeutet, die Psyche des Protagonisten stärker, so dass innere Konflikte resultierend aus psychischen Traumata des Protagonisten die Handlung primär in einer Art

---

[5] Ebd. S. 348
[6] Precht, Richard David: **Wer bin ich – und wenn ja, wie viele? Eine philosophische Reise.** München 2007. S. 30-32.
[7] Golde, Inga: **Der Blick in den Psychopathen. Struktur und Wandel im Hollywood-Psychothriller.** Kiel 2002. S. 54.

Bewusstseinsstrom beherrschen.[8] Da James Mangolds **Identität** die oben beschriebenen cineastischen Elemente, wie psychische Traumata, rätselhafte spannungsgeladene Handlung und ein abruptes Ende einsetzt, gehört **Identität** zum Genre des Psychothrillers, der sich fließend zwischen den Subgenres des Mystery-, Krimi- oder Horror-Genres bewegt und den Zuschauer bis kurz vor dem Filmende im Ungewissen lässt. Diese Ungewissheit über die tatsächlichen Geschehnisse in **Identität** erzeugt die für das Thriller-Genre bzw. Psychothriller-Genre charakteristische Spannung und vermittelt, wie den Lesern der Schauerliteratur des 18. Jahrhunderts, ein Gefühl des Unheimlichen, das mit filmischen Mitteln den Nervenkitzel für den Zuschauer des 21. Jahrhunderts intensiviert.[9] Die Intensität von James Mangolds **Identität** resultiert nicht zuletzt daraus, dass der Film zwei Handlungsstränge verfolgt, die parallel verlaufen. Diese parallel verlaufenden Handlungsstränge setzen sich aus der Rahmenhandlung des Films und dem „Kopfkino" des psychisch kranken Protagonisten Malcolm Rivers, also der Binnenhandlung, zusammen. Rätselhaft wird die Handlung dadurch, dass Rahmen- und Binnenhandlung immer wieder durch Rückblenden entweder auf die Rahmen- oder die Binnenhandlung unterbrochen werden. Da ich, wie schon weiter oben erwähnt, die Kriminalisierung psychischer Krankheiten und im Besonderen die der dissoziativen Identitätsstörung am Beispiel von James Mangolds **Identität** untersuche, möchte ich zunächst den Inhalt des Films detailliert zusammenfassen, bevor ich, im nächsten Abschnitt, diese Thematik sowohl kritisch reflektiere als auch interpretiere.

3. James Mangolds *Identiät*

„Verurteilt man den Körper oder den Geist?"[10] Dies ist eine existenzialistische Frage, denn der Geist ist, aufgrund des freien Willens, fähig den Körper in seinem Handeln zu steuern. Für die Thematik des Films ist diese Frage des forensischen Psychiaters in James Mangolds **Identität** zentral, jedoch ist die Antwort im Verlauf des Films nicht so eindeutig wie sie scheint, da Rahmen- und

---

[8] Ebd. S. 115-116.
[9] Ebd. S. 123.
[10] **Identität.** James Mangold. 2003.

5

Binnenhandlung den Film spalten und so eine dualistische Perspektive des Zuschauers erzeugen. In **Identität** unterscheiden sich die Rahmen- und Binnenhandlung nicht so sehr in Ort, Zeit und Handlung als in ihren Figuren, dennoch ist es wichtig auf diese drei dramaturgischen Kategorien einzugehen, womit gleichzeitig auch die rahmen- und binnenhandlungsspezifischen Figurenkonstellationen näher erläutert werden. Der Ort der Rahmen- und Binnenhandlung ist der US-Bundesstaat Nevada, allerdings finden sich die Figuren der Rahmenhandlung in einem Richterzimmer und die Figuren der Binnenhandlung in einem Motel ein. Der zeitliche Rahmen beider parallel laufender Handlungsstränge ist ungefähr kurz gegen Mitternacht zu verorten und bei beiden ist es eine regnerische stürmische Nacht. In der Rahmenhandlung ist es die Nacht vor der Vollstreckung des Todesurteils gegen den Massenmörder Malcolm Rivers, in der Malcolms Anwalt, aufgrund der Diagnose des forensischen Psychiaters, noch eine letzte richterliche Anhörung erwirken konnte. Während der richterlichen Anhörung, thematisiert der forensische Psychiater den Bewusstseinszustand des zum Tode verurteilten Massenmörders Malcolm Rivers, dahingehend, dass er bei ihm eine dissoziative Identitätsstörung diagnostiziert hat. Aufgrund des forensisch-psychiatrischen Gutachtens, stellt der Anwalt beim Richter den Antrag auf Unzurechnungsfähigkeit, womit Malcolm, anstatt zum Tode verurteilt zu werden, in den psychiatrischen Maßregelvollzug überstellt würde. Nachdem der Angeklagte dem Richter vorgeführt wird und sich dessen dissoziative Identitätsstörung sowohl in seinen Tagebucheinträgen als auch beim Blick in den Spiegel manifestiert[11], stimmt der Richter dem Antrag auf Unzurechnungsfähigkeit zu und begnadigt ihn. Im Film fungiert diese Spiegelszene als psychologische Komponente, um die Identität und Subjektivität des Protagonisten anzudeuten, die der Protagonist in **Identität** nicht hat, da er sich nicht als Malcolm Rivers im Spiegel erkennt, weil einer seiner Teilidentitäten die Kontrolle über ihn hat.[12] Am folgenden Morgen wird Malcolm Rivers, begleitet vom forensischen Psychiater, per Gefangentransport in den psychiatrischen Maßregelvollzug überstellt. Während des Gefangenentransports gelingt es dem Protagonisten sich zu befreien und sowohl den Psychiater als auch den sie begleitenden Polizisten zu töten. Das offene Ende des Films suggeriert dem

---

[11]Jacques Lacans psychoanalytischen Theorie der Identität zufolge, bildet sich die Identität und Subjektivität des Kindes im Spiegelstadium, wonach das Kind sich selbst als eine von der Mutter unabhängige Einheit im Spiegel erkennt (vgl. Pagel, Gerda: **Lacan zur Einführung.** Hamburg 1991.).

[12] Millner, Alexandra: **Fort – Da. Spiegelszenen im Film.** S. 177-178.

Zuschauer, dass Malcolm entweder flieht oder mit der Waffe des Polizisten Selbstmord begeht. Die Binnenhandlung ist, wie schon weiter oben erwähnt, das „Kopfkino" des Massenmörders Malcolm Rivers. Diese Binnenhandlung im Motel, die gleichzeitig das „Kopfkino" des Mörders ist, stellt das Rätsel und somit das Spannungsmoment des Films dar, dahingehend, dass die Zuschauer bis zur Richterszene nicht um die Motelgäste als Malcolms Teilidentitäten wissen. Im Gegensatz zu den Zuschauern, hat als einziger von Anfang an der forensische Psychiater Zugang zu Malcolms „Kopfkino" und entdeckt so seine zehn Teilidentitäten: Ein Chauffeur, eine neurotische Filmschauspielerin, eine Prostituierte, ein junges Ehepaar, zwei Männer, von dem der eine ein Sträfling und der andere ein Cop ist, ein weiteres Ehepaar mit einem Kind und der Motelbesitzer. Es gelingt dem forensischen Psychiater, nachdem er bei Malcolm eine dissoziative Identitätsstörung diagnostiziert hat, Malcolms zehn Teilidentitäten so zu manipulieren, dass sie alle in einem Motel aufeinander treffen und nacheinander, wie von einer unsichtbaren Macht verfolgt, zu Tode kommen. Diese unsichtbare Macht, die die Motelgäste bzw. Malcolms Teilidentitäten, ähnlich wie Agatha Christies **Zehn kleine Negerlein**, nacheinander tötet, ist indirekt der forensische Psychiater, der so die zehn gespaltenen Persönlichkeiten zu einer integrieren möchte, indem die restlichen neun getötet werden. Es scheint als überlebe die Prostituierte, die am nächsten morgen vom Motel nach Californien zu ihrem Orangenhain fährt, während zeitgleich in der Rahmenhandlung Malcolm Rivers per Gefangenentransport das Gefängnis in Richtung Psychiatrie verlässt. Die überlebende Teilidentität, also die Prostituierte, wäre dann die eigentliche Kernidentität, die unbeteiligt an den von Malcolm im realen Leben verübten Massenmord ist, da die „mordende" Teilidentität vom Psychiater mittels der Integration und Fusion der Teilidentitäten zu einer für die Gesellschaft gefahrlosen Identität eliminiert wurde. Diese Heilungsmethode schlägt jedoch fehl, da der sechsjährige Timothy, der schweigsame Sohn der assoziativen Teilidentitäten des Ehepaars, vom forensischen Psychiater als elfte Teilidentität nicht entdeckt wird. So bleibt der Junge, der nicht verbal mit den anderen Teilidentitäten kommuniziert und zwischenzeitlich sogar verschwindet, vom Psychiater bis zum Schluss unentdeckt und überlebt. Die Annahme des forensischen Psychiaters, dass die überlebende Teilidentität diejenige ist, die die Morde nicht begangen hat, erweist sich als psychiatrischer Diagnosefehler, der für den forensischen Psychiater ein fatales

Ende nimmt. Somit ergibt sich die Frage, ob pathologisch-delinquente Identität überhaupt greifbar ist, dahingehend, dass sich Identität durch Sprache definiert[13] und der Psychiater nur diejenigen Teilidentitäten entdecken konnte, die auch verbal kommunizierten. In einer Abwandlung von René Descartes' „Ich denke, also bin ich"[14] in George Herbert Meads „Ich spreche, also bin ich"[15] täuscht Malcolms kriminelle Teilidentität, also der kleine Junge Timothy, den forensischen Psychiater durch Schweigen, um nicht von diesem enttarnt zu werden, denn da er nicht spricht, kann er auch nicht sein. Hier funktioniert Schweigen als Tarnung der eigenen bewussten Kernidentität, die sich erst am Ende des Films mit den Worten „Huren kriegen keine zweite Chance" verbal bemerkbar macht, denn die Hure/Prostituierte überlebt scheinbar als einzige das Motelmassaker in Malcolms „Kopfkino" und wird vom kleinen Jungen Timothy in ihrem Orangenhain getötet. Folglich überschneiden sich die beiden Handlungsstränge der Rahmen- und Binnenhandlung immer dann, wenn entweder der Bewusstseinszustand des Mörders in der Rahmenhandlung thematisiert oder wenn die Teilidentitäten in der Binnenhandlung vergeblich zu fliehen versuchen, ihnen etwas bewusst wird oder sterben. Das Ende des Films parallelisiert jedoch die Rahmen- und Binnenhandlung am deutlichsten, indem es Timothys Mord an der Prostituierten mit Malcolms Mord am Psychiater gleichsetzt. Spätestens hier kann der Zuschauer aus seiner dualistischen Perspektive heraus die weiter oben gestellte Frage, ob der Geist oder der Körper die Morde begangen hat, dahingehend beantworten, dass der Geist gemordet hat.

4.   Interpretation

Die psycho-pathologische Variante der Identität, wie sie von James Mangolds **Identität** thematisiert wird, transferiert das Rollenverhalten psychisch gesunder Menschen, die sich ihrer sozialen Rollen, z.B. Ehemann, Ingenieur, Freund, Schwiegersohn, Vater, etc. und den entsprechenden Handlungen bewusst sind, ins Innere des psychisch kranken Protagonisten Malcolm, was eine dissoziative

---

[13] Lang, Hermann: **Die Sprache und das Unbewußte. Jacques Lacans Grundlegung der Psychoanalyse.** Frankfurt am Main 1993. S.110-112.
[14] Koch, Anton-Friedrich: **Subjekt und Natur – Zur Rolle des »Ich denke« bei Descartes und Kant.** Paderborn 2004. S. 159.
[15] Wenzel, Harald: **George Herbert Mead zur Einführung.** Hamburg 1990. S.64.

Identitätsstörung zur Folge hat. Denn Malcolm kann nicht zwischen Eigen- und Fremdhandlungen unterscheiden, weshalb er sich seiner Handlungen auch nicht bewusst ist. Diese Fremdhandlungen werden durch jeweils eine bestimmte Teilidentität ausgeübt. Im Film ist es der Massenmord, den Malcolm begangen hat, von dem sich am Ende des Films herausstellt, dass Timothy, der sechsjährige Sohn des Ehepaars, diesen verübte und somit Malcolms kriminelle Teilidentität darstellt. Da Timothy in den Sitzungen mit dem Psychiater nicht, wie die anderen Teilidentitäten, verbal kommunizierte und er so den Psychiater täuschte, ist, meines Erachtens, davon auszugehen, dass Timothy Malcolms eigentliche Kernidentität ist, die den Massenmord begangen hat. Diese Annahme wird durch die dualistische Perspektive des Zuschauers bestätigt, die zum Ende des Films Timothy zeigt, wie er im Motel die anderen Teilidentitäten ermordet, während diese mit denen von Malcolm begangenen Morde in der realen Welt parallelisiert werden. Folglich entsteht der Eindruck, dass Timothy, im Inneren Malcolms, diejenige Identität darstellt, deren sich Malcolm bewusst ist und deren Handlungen er nicht als Fremdhandlungen erfährt. Somit ist Malcolm, während der Sitzungen mit dem Psychiater bemüht Timothy, seine mordende Teilidentität, die für ihn als mordender Rachengel fungiert, zu behalten, da er sonst im Inneren identitätslos wäre. Der Song „I wasn't born to lose you"[16], der am Anfang der Orangenhainszene von der Prostituierten (als scheinbar letzte Überlebende des Motelmassakers) gesungen wird, spiegelt Malcolms Bedürfnis wider, seine rachsüchtige Kernidentität (Timothy) nicht zu verlieren. Zusätzlich wird das Motiv der Rache filmisch in Szene gesetzt, indem Timothy die Prostituierte mit den Worten: „Huren kriegen keine zweite Chance"[17] tötet, die als Teilidentität Malcolms Mutter, eine Prostituierte, repräsentiert. Auf diese Weise rächt sich Timothy, stellvertretend für Malcolm, an der Mutter, der Prostituierten, welche Malcolm, als kleinen Jungen, solange allein im Hotel ließ, bis sie mit einem Kunden fertig war, was den Jungen traumatisierte. So wird Malcolms Hass auf seine Mutter im Inneren mittels der Teilidentität Timothy ausgelebt und der Wunsch die Mutter umzubringen erfüllt. Inwieweit ist jedoch die forensisch-psychiatrische Behandlung einer psychischen Störung (von der eine fatale Gefahr für die Gesellschaft ausgeht) überhaupt möglich, wenn der Patient dabei seine Kernidentität behalten soll? James Mangolds **Identität** zeigt, dass dieses

---

[16] Filmzitat: „Ich wurde nicht geboren, um dich zu verlieren".
[17] Filmzitat

Unterfangen nicht gelingen kann, weil sich die forensische Psychiatrie zu sehr auf die Symptome psychischer Erkrankungen, wie die der dissoziativen Identitätsstörung fixiert, ohne sowohl den Aspekt der Täuschung seitens des Patienten als auch den der Selbsttäuschung seitens des Psychiaters, der seine Theorie bestätigt sehen will, zu berücksichtigen. Sowohl der Aspekt der Täuschung bzw. Selbsttäuschung als auch das Motiv der Rache finden sich bei Shakespeare's **Hamlet** und **Othello**, was für beide Protagonisten ein fatales Ende einleitet. Hamlet und Othello haben Probleme mit ihren Affekten: Hamlet möchte nicht erwachsen werden und flüchtet sich, aus Angst Verantwortung zu übernehmen, in wahnsinnige Täuschungsmanöver, welche Ophelia in den Freitod treiben. Othello hingegen fällt seinen Affekten (Wut, Eifersucht) zum Opfer und lässt sich von Iago, der sich an Othello rächen will, täuschen, so dass er im Wahnsinn zuerst Desdemona und dann sich selbst das Leben nimmt. Bemerkenswert ist, dass schon bei Shakespeare dieses Motiv der Täuschung bzw. Selbsttäuschung in Verbindung mit der Wahnsinnsthematik des 18. Jahrhunderts gestellt wurde und noch immer aktuell ist. Ähnlich wie Shakespeare, greift James Mangolds **Identität** dieses Motiv der Täuschung bzw. Selbsttäuschung auf, indem auf der einen Seite der Psychiater vom Patienten getäuscht wird und auf der anderen Seite der Psychiater sich selbst in der Entlastung seines Patienten täuscht. Denn die These des forensischen Psychiaters im Film, dass der Geist die Morde nicht begangen hat, sondern nur einer seiner Teilidentitäten, die mittels Fusion und Integration zu einer gesellschaftlich „harmlosen" Identität eliminiert werden kann, wird zum Ende hin falsifiziert. Abgesehen von den Motiven der Rache und der Täuschung, sind weitere intertextuelle Referenzen im Film, wie zum einen Jean-Paul Sartres philosophisches Hauptwerk **Das Sein und das Nichts**, das dem Chauffeur der neurotischen Schauspielerin gehört, und zum anderen Sartres Drama **Eine geschlossene Gesellschaft** für das Handlungsgeschehen von zentraler Bedeutung. Ersteres thematisiert, basierend auf Sartes Existenzphilosophie, die Freiheit des einzelnen, die durch die des anderen begrenzt ist, so dass der freie Wille des Menschen dazu dient, selbst für sein Schicksal verantwortlich zu sein.[18] Letzteres thematisiert das Motiv der Täuschung bzw. Selbsttäuschung, nach dem sich jeder seinen Handlungen entsprechend verhalten soll, ohne andere oder sich selbst zu täuschen, da

---

[18] Simont, Juliette: **Sartrean ethics**. In: Howells, Christina (Hrsg.): **The Cambridge Companion to SARTRE**. Cambridge 1992. S. 191-192.

ansonsten die Selbstlüge von anderen entlarvt und gesühnt wird. Bezogen auf den Film wird deutlich, dass einige Teilidentitäten Malcolms nicht das sind, was sie vorgeben zu sein: Der Chauffeur ist ein ehemaliger Cop, der Motelbesitzer in Wahrheit ein Obdachloser, der vermeintliche Cop ist eigentlich ein entlaufener Sträfling, die schwangere Frau ist überhaupt nicht schwanger und letztendlich fungiert die Schauspielerin als Inbegriff der Täuschung. Zusätzlich spiegelt die Orangenhainszene am Ende des Films eine zweite Chance der Prostituierten auf Selbstverwirklichung wider. Doch der Orangenhain, den sich die Prostituierte kauft, um ein rechtschaffenes Leben zu führen, kann nicht über ihr vergangenes Leben als Prostituierte hinwegtäuschen. Deshalb werden sowohl ihre Selbsttäuschung in der Binnenhandlung als auch die parallel verlaufende Selbsttäuschung des Psychiaters in der Rahmenhandlung (hinsichtlich der Effektivität von Malcolms Behandlungsmethode) von Malcolms Kernidentität, dem kleinen Jungen Timothy, mit dem Tode bestraft.

5. Fazit

Von den Anfängen der forensischen Psychiatrie im Kino Mitte der 70er Jahre bis Anfang des 21. Jahrhunderts ist eine deutliche Entwicklung hinsichtlich des Anti-Psychiatrie Diskurses zu verzeichnen. Wurden im 20. Jahrhundert mit Miloš Formans **Einer flog über das Kuckucksnest** (1975) und James Mangolds **Durchgeknallt** (1999) noch die inhumanen Behandlungsmethoden und Fehldiagnosen der Psychiatrie zugunsten der Patienten verurteilt, klärt James Mangolds **Identität** (2003) im 21. Jahrhundert über die Problematik der forensisch-psychiatrischen Diagnostik und deren Behandlungsmethoden zulasten der Patienten auf. Wie der Film **Identität** zeigt, wird der psychisch kranke Patient dahingehend kriminalisiert,[19] dass psychotherapeutische Behandlungsmethoden nicht mehr als inhuman, sondern als ineffektiv zur Heilung psychisch Kranker –

---

[19] siehe auch: **Der freie Wille**. Matthias Glasner. 2006.: Im Unterschied zu **Identität**, erkennt der psychisch kranke Kriminelle, dass sein Geist seinem Vergewaltigungstrieb gegenüber, trotz Medikamente und psychiatrischer Behandlung, etc., machtlos ist. Zudem weiß der Protagonist Theo um die Gefahr die von ihm für die Gesellschaft ausgeht. Deshalb wendet er seinen Zerstörungstrieb gegen sich selbst und vernichtet durch Suizid das ausführende Element seiner Taten, nämlich den Körper. Aufgrund dieser Selbsterkenntnis, dass ihn sein Vergewaltigungstrieb zum Monster werden lässt und dass er diesen nur mittels der Tötung seines Körpers vernichten kann, erfährt Theo in **Der freie Wille** etwas Menschliches, was Malcolm Rivers in **Identität** nicht erfährt.

11

die eine Gefahr für die Allgemeinheit darstellen – kritisiert werden. Folglich stellt **Identität** den Psychiater und seine Kompetenz in Frage, da er nicht in der Lage ist, die kriminelle Energie des psychisch kranken Protagonisten als eine permanente und heilungsresistente anzuerkennen. Somit plädiert **Identität** dafür, den Patienten in erster Linie als psychisch kranken Kriminellen zu begreifen, der auch, wenn psychisch gesund, kriminell wäre. Dementsprechend existiert auch keine Entlastungsstrategie, wie die der Unzurechnungsfähigkeit, in Bezug auf die Kriminalisierung psychischer Krankheiten.[20] Der Film suggeriert demnach, dass die Psychotherapie in der Behandlung psychisch kranker Krimineller gescheitert ist und in ihrem Versuch dennoch die Psyche des Delinquenten stationär behandeln zu wollen, in Kauf nimmt, dass die Allgemeinheit durch den vermeintlich für gesund erklärten Kriminellen gefährdet wird.[21] Des Weiteren vermittelt diese Thematik der Kriminalisierung psychischer Krankheiten im Film **Identität** dem Zuschauer, mittels einer dualistischen Perspektive (Rahmenhandlung und „Kopfkino" des Protagonisten), dass eine Einteilung in Kategorien, wie Gut / Böse, Schuldig / Unschuldig oder Gesund / Krank irrelevant ist, da sich der Mensch, basierend auf Sartres Existenzphilosophie, über seine Handlungen definiert.[22] Der Zuschauer ist demnach in der Lage die diagnostischen Erkenntnisse und therapeutischen Maßnahmen des Psychiaters mit den Geschehnissen im „Kopfkino" des Protagonisten, hinsichtlich ihrer Plausibilität, abzuwägen. So ist es offensichtlich, dass die integrative Behandlungsmethode des Psychiaters den Todestrieb[23] des Protagonisten nicht eliminieren konnte, sondern diesen von den übrigen zehn den Todestrieb störenden Teilidentitäten befreit hat, wodurch die These des Psychiaters, dass nicht der Geist für die Taten des Körpers verurteilt werden sollte, falsifiziert wird. Der Körper als auch der Geist des psychisch kranken Kriminellen stellen eine Gefahr für andere dar, die nicht psychotherapeutisch eliminiert werden kann, da sich, wie der Film zeigt, der an dissoziativer Identitätsstörung leidende Massenmörder Malcolm Rivers für die Psychotherapie als unzugänglich im Sinne einer erfolgreichen Therapierung des Todestriebs erweist. James Mangolds **Identität** setzt also da an, wo psychiatrischen Behandlungsmethoden mit Skepsis zu begegnen ist, nämlich in der Rechtfertigung von Entlastungsstrategien

---

[20] Lorenz, Maren: **Kriminelle Körper – gestörte Gemüter**. Hamburg 1999. S. 55.
[21] Ebd. S. 57-58.
[22] Suhr, Martin: **Jean-Paul Sartre zur Einführung**. Hamburg 2001. S. 168-169.
[23] Mulvey, Laura: **Death Drives. Alfred Hitchcocks Psycho und Freuds Konzepte des Todestriebes und des Unheimlichen**. S. 269-270.

psychisch-kranker Krimineller. Damit klärt **Identität** indirekt über die ärztliche Allmachtsphantasie auf, jede Krankheit, ob physischer oder psychischer Natur, sei heilbar, die hinsichtlich der im Film thematisierten psychischen Krankheit, der dissoziativen Identitätsstörung, eben nicht heilbar ist. Folglich wird mit diesem Film der Anti-Psychiatrie Diskurs weitergeführt, der nicht mehr ausschließlich die inhumanen Behandlungsmethoden kritisiert, sondern das Wissen und die Kompetenz der Psychiater im Umgang mit der Kriminalisierung psychischer Krankheiten kritisch reflektiert. Der Patient, der den Psychiater am Ende des Films tötet, ist somit als eine cineastische Metapher zu verstehen, die den Zuschauer zum Hinterfragen aktuell diskutierter Entlastungsstrategien (z.B. Unzurechnungsfähigkeit), die für die Allgemeinheit zur fatalen Falle werden können, anregen soll. Diesbezüglich ergibt sich auch keine Möglichkeit auf Entlastung des Massenmörders Malcolm Rivers aus dem Film heraus, da der Verlust der Erkenntnis des Ausmaßes seiner Handlungen bzw. Fremdhandlungen dem psychisch kranken Kriminellen alles Menschliche abspricht, wodurch dieser zum Monster wird. Um es pointierter auszudrücken: Psychisch kranke Delinquente, denen sowohl die Erkenntnis um die Gefahr ihrer Handlungen für die Gesellschaft als auch ein Gewissen fehlt, ihr destruktives triebhaftes Verhalten mittels Suizid – wie in Matthias Glasners **Der freie Wille** exemplarisch dargestellt – zu beenden, wird, ein Monsterdasein fern jeglicher Menschlichkeit zugesprochen, ohne Anspruch auf „Monsterrechte" sozusagen als Äquivalent zu den Menschenrechten. Aber diese Monster-These wäre, meines Erachtens, vertretbar, wenn nur die Binnenhandlung des Films berücksichtigt würde. Das offene Ende der Rahmenhandlung des Films **Identität** initiiert darüber hinaus eine indirekte Frage, die an Hamlets „Sein oder Nicht-Sein?" erinnert: Ist Malcolm Rivers Monster oder Mensch? Flieht er und mordet weiter oder wird er sein mordendes Triebtäterdasein mittels Suizid beenden? Da die Rahmenhandlung des Films nicht explizit zeigt, wie Malcolm flieht, bestünde die Möglichkeit, dass er mit der Waffe des von ihm ermordeten Polizisten Selbstmord begeht, womit Malcolm, ähnlich wie Theo in **Der freie Wille**, doch etwas Menschliches erfährt. Letztendlich lässt der Film den Zuschauer im Zwiespalt über die Beantwortung dieser Frage, denn für die Lösung dieses Rätsels ist der Zuschauer aktiv gefordert sich aus der Rahmen- und Binnenhandlung eine plausible jeweils individuell unterschiedliche Antwort bzw. ein Ende zu konstruieren. Demgegenüber eindeutiger ist der Anti-Psychiatrie Diskurs im Film, der zeigt, dass der forensische Psychiater die Chance hat, seinen psychotherapeutischen Horizont zu erweitern (Timothys Tagebucheintrag als non verbaler Beweis der kriminellen Kernidentität Malcolms), was er jedoch nicht nutzt und als Konsequenz dessen mit den Worten „Huren kriegen keine zweite Chance"[24] von seinem Patienten (Malcolm) getötet wird. Also katapultiert James Mangold mit **Identität** Anfang des 21. Jahrhunderts den Anti-Psychiatrie Diskurs auf das nächst höhere Level, wo die Psychiatrie und ihre Entlastungsstrategien ad absurdum geführt werden. Abschließend ist festzuhalten, dass **Identität** alles andere als anspruchsloses „Popcorn" Kino ist. Vielmehr kann, meines Erachtens, dieser Film als ein Appell an forensische Psychiater gelesen werden, den psychisch kranken Kriminellen nicht nur auf die sich verbal manifestierenden Symptome seiner psychischen Krankheit zu reduzieren. Denn der Film hat gezeigt, dass diese Gefahr, die von der psycho-pathologischen Variante der Identität für die Mitmenschen ausgeht, wahrgenommen werden muss, ohne diese als psychische Krankheit zu verharmlosen, welche, mittels Entlastungsstrategien, das permanent-kriminelle Potential des Delinquenten ausblendet.

---

[24] Filmzitat

Literatur

G o l d e, Inga: *Der Blick in den Psychopathen. Struktur und Wandel im Hollywood-Psychothriller.* Kiel 2002.

H u b e r, Michaela: *Multiple Persönlichkeiten – Überlebende extremer Gewalt.* Frankfurt am Main 1999.

K o c h, Anton-Friedrich: *Subjekt und Natur – Zur Rolle des »Ich denke« bei Descartes und Kant.* Paderborn 2004.

L a n g, Hermann: *Die Sprache und das Unbewußte. Jacques Lacans Grundlegung der Psychoanalyse.* Frankfurt am Main 1993.

L o r e n z, Maren: *Kriminelle Körper – gestörte Gemüter.* Hamburg 1999.

M i l l n e r, Alexandra: Fort – Da. Spiegelszenen im Film. In: Ballhausen, Thomas (Hrsg.): *Psyche im Kino.* Wien 2006.

M u l v e y, Laura: Death Drives. Alfred Hitchcocks Psycho und Freuds Konzepte des Todestriebes und des Unheimlichen. In: Ballhausen, Thomas (Hrsg.): *Psyche im Kino.* Wien 2006.

P a g e l, Gerda: *Lacan zur Einführung.* Hamburg 1991.

P r e c h t, Richard David: *Wer bin ich – und wenn ja, wie viele? Eine philosophische Reise.* München 2007.

S i m o n t, Juliette: Sartrean ethics. In: Howells, Christina (Hrsg.): *The Cambridge Companion to SARTRE.* Cambridge 1992.

S u h r, Martin: *Jean-Paul Sartre zur Einführung.* Hamburg 2001.

W e n z e l, Harald: *George Herbert Mead zur Einführung.* Hamburg 1990.